AF189036

Karzinom

Tagebuch meiner Krebserkrankung

Manfred Breddermann

Karzinom

Tagebuch meiner Krebserkrankung

IMPRESSUM

2019 - Manfred Breddermann

1. Auflage

ISBN: 9783750417090

Herstellung und Verlag:

BoD- Books on Demand, Norderstedt

Alle Rechte liegen beim Autor

Vorwort

Obwohl ich mich in jeder Hinsicht fit und frisch fühlte, hatte sich unbemerkt ein relativ großes Darmkarzinom entwickelt. Eine Darmuntersuchung hatte ich bis dahin abgelehnt und für unnötig betrachtet. Erst eine größere Darmblutung veranlasste mich, meinen Darm überprüfen zu lassen.

Dabei stellte sich zunächst heraus, dass die Blutungen relativ harmlos aus den inneren Hämorrhoiden erfolgten und der untere Darmabschnitt ohne Befund war. Erst bei einer weiteren Untersuchung wurde am Übergang zum Dünndarm ein Karzinom gefunden. Da der Darmquerschnitt bereits fast zugewachsen war, wurde eine sofortige Operation notwendig und diese Operation erfolgte nicht ganz ohne Probleme.

Donnerstag, 3. Januar

Mit meinem morgendlichen Toilettengang beginnt für mich ein neuer Lebensabschnitt. Statt des erwarteten Stuhlgangs entleere ich Blut und das in großen Mengen. Die Toilettenschüssel ist voll mit geronnenem Blut. Ich kann es nicht fassen, ich bin doch kerngesund, oder doch nicht? Bei so viel Blut kann es nur etwas Schlimmes sein, möglicherweise Krebs? Mir läuft es eiskalt den Rücken herunter und ich fühle mich wie gelähmt.

Nach dem ersten Schock versuche ich mein Wissen über Blutabgänge zu sortieren. Es ist zwar kein frisches Blut, aber es ist ungefärbt rot und müsste daher aus dem unteren Verdauungsbereich, also aus dem Dickdarm kommen. Das Blut aus Magen- oder Dünndarmgeschwüren ist üblicherweise dunkel bis schwarz gefärbt.

Ich hatte bisher keinerlei Beschwerden und auch sonst keine Anzeichen für eine schwerere Krankheit. So tröste ich mich allmählich, die Ursache bei inneren Hämorrhoiden oder Darmpolypen zu sehen. Diese Hoffnung wird noch bestärkt, als beim folgenden Stuhlgang am Nachmittag kein Blut zu erkennen ist.

Allerdings bin ich schon beunruhigt, bei einer Routineuntersuchung im letzten Jahr, war in meinem Kot in sehr geringen Mengen Blut nachgewiesen worden. Entgegen ärztlicher Empfehlung, hatte ich damals eine Darmspiegelung abgelehnt.

Und nun diese Menge Blut, das kommt so unerwartet. Mein großes Vertrauen in meine Gesundheit ist plötzlich weg gebrochen. Ich war stolz darauf, mit 83 Jahren noch richtig fit und frisch zu sein und jetzt das. Seltsamerweise empfinde ich aber keine Angst, sondern eher Wut, auf was auch immer. Es scheint plötzlich alles um sonst gewesen zu sein. Seit vielen Jahren bemühe ich mich um eine beste Gesundheit, mit täglichen Bewegungs- und Atemübungen und richtiger Ernährung.

Und immer wieder grüble ich darüber nach, was könnte das sein? Und immer wieder kommt meine Sorge hoch, es könnte auch Krebs sein. Aber würde Krebs so bluten? Sicherlich nicht, soviel Blut kann nur aus geplatzten Gefäßen, aus Hämorrhoiden stammen. Zudem nehme ich zur Verhütung von Thrombosen das Marcumar ein. dadurch kann es schon bei kleineren Beschädigungen zu größeren Blutungen kommen. Also warte ich erst einmal ab, wie das weitergeht und lasse mir nichts anmerken. Auch meiner Frau erzähle ich von dem Vorfall noch nichts.

Aber irgendwie spürt sie wohl, dass mit mir nicht alles in Ordnung ist und will wissen, was mit mir los ist. Ich täusche vor, dass ich leichte Kopfschmerzen habe. Es ist gut, dass wir dann gleich zum Einkaufen fahren und meine innere Spannung weniger auffällt. Der weitere Tag verläuft wie im Nebel. Mit der Zeit schaffe ich es jedoch meine Sorgen weitgehend zu verdrängen und davon auszugehen, dass es doch nicht Schlimmeres ist.

Freitag, 4. Januar

Es geht nicht gut weiter. Beim heutigen Stuhlgang gegen Mittag ist wieder Blut da, dieses Mal mit dem Kot vermischt. Die Blutmenge ist zwar wesentlich geringer als gestern, aber die Vermischung mit dem Kot macht mir große Sorgen. Ich bin mir nicht mehr sicher, ob das Blut aus den Hämorrhoiden kommt.

Nun informiere ich auch meine Frau. Nach kurzem Überlegen, ist uns klar, dass ich möglichst umgehend ärztliche Hilfe in Anspruch nehmen muss. Aber heute ist Freitag und nach 12 Uhr hat mein Hausarzt Dr. A. keine Sprechstunde mehr. So bleibt mir nur noch das Krankenhaus.

Um für alle Fälle vorbereitet zu sein, packe ich einige Sachen und fahre zum Krankenhaus in Magdeburg. Auch ohne ärztliche Überweisung werde ich in der Notfallklinik verständnisvoll und freundlich aufgenommen. Allerdings muss ich nach der Anmeldung lange warten. Nach etwa 3 Stunden werde ich dann zur Untersuchung aufgerufen. Entsprechend meinem Anliegen werde ich rektal untersucht. Dann wird mir noch Blut abgenommen und ohne Kommentar werde ich wieder in den Warteraum geschickt.

Nach etwa einer Stunde werde ich ein weiteres Mal aufgerufen. Die Ärztin empfängt mich auf dem Flur und sagt mir, dass ich wieder nach Hause gehen darf. Mein Darmausgang und meine Darmampulle seien ohne Befund und auch meine Blutwerte seien nicht auffällig. Bei weiteren größeren Blutungen solle ich wieder herkommen. Ich frage sie, was sie unter großen Blutungen versteht. Ihre Antwort: „So etwa eine Tasse voll".

Offensichtlich hält man hier meinen Zustand nicht für einen Notfall, dementsprechend diese etwas barsche Verabschiedung. Einerseits freue ich mich, dass nichts Auffälliges gefunden wurde, aber solange die Ursache für die Blutung noch nicht geklärt ist, bleibe ich beunruhigt.

Montag, 7. Januar

Weitere Blutungen blieben bisher aus. Am Vormittag bin ich dann bei meinem Hausarzt Dr. A. Ich informiere ihn über meine Blutungen mit der Bitte um Überweisung für eine Darmspiegelung.
„jetzt wollen Sie also doch noch eine Darmspiegelung, hoffentlich ist das nicht zu spät", erinnert mich Dr. A. an seine frühere Empfehlung.

Ich bekomme zwei Adressen zur Auswahl und melde mich in der Gastropraxis von Dr. Z. in Magdeburg an. Als den nächst möglichem Untersuchungstermin erhalte ich den 21. Januar. Zum Vorgespräch soll ich am 9. Januar kommen.

Mittwoch, 9. Januar

Für 12 Uhr bin ich in der Gastropraxis angemeldet. Hier muss ich zunächst einen mehrseitigen Fragebogen ausfüllen und darf dann bis zum Aufrufen warten. Der Warteraum ist voll besetzt, ich schätze, etwa 30 Patienten sind vor mir dran. Aber auf meinen Aufruf muss ich nicht lange warten, allerdings geht es zunächst zu einer Arzthelferin. Nach einer Blutabnahme erhalte ich weitere Informationen zum Ablauf der Untersuchung.

Ich kann wählen zwischen einer Untersuchung mit Narkose oder ohne Narkose. Für das erforderliche Aufblähen des Darms muss ich entscheiden, ob das mit normaler Luft oder mit CO_2 Gas erfolgen soll. Bei normaler Luft geht die Blähung erst nach Stunden zurück, bei CO_2 Gas sofort nach der Behandlung. Das Gas wird vom Körper schneller aufgenommen. Ich wähle Narkose und CO_2 Gas und bezahle gerne die 10 Euro Zusatzgebühr für das Gas.

Zur Vorbereitung auf die Darmspiegelung muss ich 5 Tage vorher meine Ernährung nach Plan umstellen. Am letzten Tag darf ich nur noch etwas trinken und zwar in Wasser gelöste Emulsion, die mir mitgegeben wird.

Nach diesen Informationen darf ich im Wartezimmer wieder Platz nehmen und auf die Besprechung mit dem Arzt warten.

Dr. Z. empfängt mich fast freundschaftlich und gibt mir das Gefühl, dass er Zeit für mich hat.

Ich kann ihm meine Probleme ausführlich schildern und auch Fragen stellen. Dann passiert etwas, das ich bei der übervollen Praxis nicht erwarten konnte: „Kommen Sie mit", fordert er mich auf „Ich untersuche Sie schon einmal heute, ohne Vorbereitung kann ich das zwar nur im unteren Darmbereich, aber das ist konkreter als eine Einschätzung".

Nachdem ich über ein Klistier meinen Darm entleert habe, folgte auch bald die Untersuchung, mit dem Ergebnis:

„Sie haben zwar angeschwollene innere Hämorrhoiden, aber der Darm ist vollkommen frei, ich habe auch keine Divertikel gefunden. Das gilt jedoch nur für den unteren Bereich, und ersetzt keine komplette Darmspiegelung".

Für mich war aber mein Problem erst einmal gelöst, in der späteren kompletten Darmspiegelung sehe ich nur noch eine Routineuntersuchung.

Sonntag, 20. Januar

Nach der erfreulichen Voruntersuchung in der Gastropraxis bei Dr. Z. mache ich mir kaum noch Sorgen um meine Gesundheit. Es gab auch keine Blutungen mehr und keine Anzeichen für irgendeine Erkrankung. Ich mache wieder mit Freude meine täglichen Übungen und fühle mich rundum gesund.

Zur Vorbereitung auf die Darmspiegelung muss ich nur leider seit Mittwoch meine Essgewohnheiten einschränken und auf einiges verzichten. Heute, ein Tag vor der Untersuchung, darf ich gar nichts mehr essen, nur noch Trinken ist erlaubt. Nach einem vorgegebenen Zeitplan besteht dieses Trinken, jetzt am Nachmittag, aus 1,5 Liter Wasser mit einer aufgelösten speziellen Suspension.

Bei der Darmspiegelung muss neben einem leeren Darm auch mein Blut Quickwert im Normalbereich liegen. Da das Ansteigen der Quickwerte einige Tage dauert, musste ich bereits am Montag das Marcumar absetzen und als Ersatz zur Blutverdünnung das Clexane täglich spritzen.

Montag, 21. Januar

Um 8 Uhr bin ich pünktlich in der Gastropraxis von Dr. Z. Ich muss nicht lange warten und werde sofort in den Behandlungsraum geführt. In Seitenlage werde ich auf die Behandlungsliege platziert und bekomme die Narkosespritze.

Als ich nach der Narkose wieder klar bin, werde ich zur Ergebnisbesprechung zu Dr. Z. gebeten. Auch meine Frau wird dazu gerufen. Und das Ergebnis sieht so aus:
„Ich will nicht drum herum reden, Sie haben ein circa 5 cm großes Karzinom im Dickdarm und zwar im Bereich der Einmündung des Dünndarms". Dabei zeigt mir Dr. Z. eine Farbaufnahme auf der deutlich die Größe des Karzinoms zu erkennen ist.

Ebenso war darauf zu sehen, dass der Darmquerschnitt schon weitgehend eingeengt ist. Dr. Z. empfiehlt daher eine sofortige Operation, da im weiteren Verlauf ein Darmverschluss zu befürchten ist. Mit meinem Einverständnis überweist er mich an den Onkologen Dr. K. und meldet mich auch sofort dort an.

Ohne zu zögern machen wir uns gleich anschließend auf den Weg zu Dr. K. Es ist gut, dass mich meine Frau begleitet und ich nicht selbst fahren muss. Als mir mitgeteilt wurde, dass ich Krebs habe, hat mich das schon getroffen, aber richtig geschockt hat mich das nicht. Ich war zwar vorher davon überzeugt, keinen Krebs zu haben, aber ganz ausgeschlossen hatte ich das nicht. Der Befund ist aber nun so und ich muss mich damit abfinden.

Aber jetzt, nachdem ich die Praxis verlassen habe und passiv im Auto sitze, wird mir ganz kalt und wie im Nebel empfinde ich alles seltsam unwirklich. Erst allmählich wird mir bewusst, was das für mich, für mein weiteres Leben bedeutet. Bin ich nun todkrank, obwohl ich mich bis dahin noch richtig gesund gefühlt habe? Wie viel Zeit habe ich noch, werde ich bald dahin siechen? Ich versuche mich zu trösten, mit 83 Jahren doch lange genug gelebt zu haben. Und ein paar Jahre mehr oder weniger sind nicht so entscheidend. Aber das Sterben ist die eine Sache, das grausamste ist für mich die notwendige Bestrahlung und die Chemotherapie. Aus meiner Grübelei weckt mich meine Frau:
„Wir sind jetzt da, geh schon mal rein, ich suche noch einen Parkplatz".

In der Onkologie Praxis melde ich mich an. Ich komme hier sofort an die Reihe, aber in den beiden Warteräumen warten bereits mehr als 50 Patienten. Ich habe Glück, noch einen Sitzplatz zu finden.

Um mich etwas abzulenken, schaue ich mir die Gesichter meiner Mitpatienten an. Wie sieht man aus, wenn man Krebs hat? Offensichtlich nicht anders als sonst. Zumindest konnte ich bei Niemandem die vermutete Leidensmine erkennen. Ich hatte bisher auch noch keinen Krebskranken von nahem gesehen. Und jetzt hier haben alle den Krebs und ich bin nur einer von vielen. Diese Feststellung kann mich aber nicht beruhigen, im Gegenteil, diese Vielzahl von Betroffenen empfinde ich bedrückend und fast unheimlich. Mir fällt auf, dass hier sehr viele jüngere Menschen warten, Meine Vorstellung von einer Krebserkrankung war vorwiegend mit alten Menschen verknüpft.

Die Wartezeit ist dann doch nicht so lang wie befürchtet. Diese Onkologie Praxis arbeitet mit drei Ärzten gleichzeitig. Mich empfängt Dr. K. zu einem kurzen Informationsgespräch. Vor einer weiteren Behandlung werde ich zunächst zu einer CT Untersuchung für morgen angemeldet.

Dienstag, 22. Januar

Um 11 Uhr bin ich der Praxis von Frau Dr. S. für die Computertomografie (CT). Nach der Anmeldung muss ich nicht lange warten. Bevor ich mich in die „Röhre" lege, bekomme ich noch einige Informationen zum Kontrastmittel, das mir injiziert wird. Die Prozedur in der CT-Röhre dauert nur wenige Minuten. Gespannt warte ich auf das Ergebnis und Dr. S. verkündet mir, zufrieden lächelnd:
„Das Ergebnis ist auf der CD gespeichert, die Sie gleich in der Anmeldung erhalten. Damit gehen Sie gleich zu Dr. K. Aber das Wichtigste möchte ich Ihnen jetzt schon sagen: Es konnten keine Metastasen festgestellt werden".
Ich kann mein Glück kaum fassen, vor lauter Freude würde ich am liebsten die Frau Doktor umarmen, aber ich schaffe nur ein herzliches Dankeschön.

Nun gehe ich sehr erleichtert in die weitere Besprechung mit Dr. K. „Ja, Sie haben im Lotto gewonnen. Erstaunlicherweise haben sich keine Metastasen gebildet und Krebs ohne Metastasen macht uns keine Probleme. Wenn wir den entfernt haben, sind Sie wieder vollkommen gesund".

Das ist Balsam auf meine Seele. Also kann ich die befürchtete Behandlung mit Chemotherapie und Bestrahlung vergessen. Allerdings schränkt Dr. K. noch ein, dass mit der CT nur die sichtbaren Veränderungen festgestellt werden können. Aber das sollte mich nicht beunruhigen. Alle Organe seien in jedem Fall frei von Metastasen. Wenn überhaupt, könnten nur die angrenzenden Lymphknoten betroffen sein und die würden dann bei der Operation mit entfernt.

Auch die Lage des Karzinoms sei problemlos, es sei kein künstlicher Darmausgang und kein künstlicher Darmabschnitt erforderlich. Anhand einer Darmabbildung zeigt er mir dann, wo die Bauchdecke aufgeschnitten wird und welcher Darmabschnitt herausgenommen wird. Circa 14 cm des Dickdarms, einschließlich der Einmündung des Dünndarms werden entfernt. Um die entstehende Lücke zu schließen, wird die rechte obere Darmschleife gelöst, nach unten geführt und an den Dünndarm angeschlossen.

Für die Durchführung der Operation empfiehlt er mir das Krankenhaus in Burg und überweist mich an den dortigen Chefchirurgen Dr. L.

Donnerstag, 24. Januar

Mit der Aussicht, wieder vollständig gesund zu werden, kann ich mich schon fast auf die Operation freuen. Das sah für mich vor einem Monat noch ganz anders aus. Da ich kein großes Vertrauen in unser heutiges Gesundheitssystem habe, hatte ich mir vorgenommen, mich möglichst nicht mehr operieren zu lassen. Zu häufig wurde in meinem Umfeld unnötig oder mit unzureichendem Erfolg operiert. Die ärztliche Behandlung ist nicht mehr frei von wirtschaftlichen Aspekten.

Nun war ich unerwartet in der misslichen Lage ein Karzinom zu haben, das notgedrungen operiert werden muss. Da schiebt man schnell alle Kritik beiseite und ist dankbar, dass es dieses System überhaupt gibt. Aber meine Dankbarkeit ist jetzt nicht mehr notgedrungen, meine bisherige Behandlung verdient die uneingeschränkte Dankbarkeit und Hochachtung. Alle drei Ärzte hatten genügend Zeit für mich und waren offen für meine Sorgen und Fragen. Sie vermittelten mir das Vertrauen, dass für mich das Beste getan wird. Das war auch eine Lehre für mich, mit Verallgemeinerungen vorsichtiger zu sein.

Im Krankenhaus empfängt mich um 11 Uhr der Chefarzt Dr. L. zum Vorgespräch für die anstehende Operation. Auch jetzt bin ich wieder überrascht, wie viel Zeit er sich nimmt und wie freundlich und ausführlich das Informationsgespräch abläuft. Er erläutert noch einmal wie und was operiert wird und wir vereinbaren die nächsten Termine:

Kommenden Montag werde ich zur Voruntersuchung angemeldet, am Dienstag ist die Aufnahme im Krankenhaus und am Mittwoch folgt dann die Operation.

Dienstag, 29. Januar

Die gestrige Voruntersuchung dauerte fast den ganzen Tag. Nach dem Ausfüllen des üblichen Fragebogens folgte die ausführliche Besprechung der einzelnen Punkte. Dann wurde Blut abgenommen und der Blutdruck gemessen. Bei der Narkoseärztin wurden meine möglichen Allergien und Empfindlichkeiten abgeklärt. Danach konnte ich wieder nach Hause fahren.

Heute werde ich im Krankenhaus stationär aufgenommen und in die Krebsstation eingewiesen. In einem Doppelbettzimmer kann ich mir das Bett zum Fenster aussuchen und bleibe für heute allein.

Das Zimmer wirkt auf mich hell und freundlich. Zum Zimmer gehört ein Nebenraum, ausgestattet mit Waschbecken, Toilette und Dusche, alles blitzblank in gehobener Ausstattung. Nicht einmal auf den Fluren ist der sonst häufige Krankenhausgeruch zu spüren. Wenn ich nicht wüsste, dass ich morgen operiert werde, könnte ich meinem, in einem Hotel zu sein.

Dies hier hat mit meiner bisherigen, grausamen Vorstellung von einer Krebsstation wenig gemeinsam. Und erst recht nicht mit den Zuständen in Solschenizyns „Krebsstation", mit acht Todkranken in einem Zimmer und einer Toilette mitten im Raum. Auch wenn das überhaupt nicht vergleichbar ist, aber solche Bilder bleiben im Gedächtnis.

Nur die Verpflegung ist natürlich der Situation angepasst. Den ganzen Tag gibt es außer Tee nur noch Tabletten. Auch wird wieder Blut abgenommen, Blutdruck, Temperatur und Blutzucker gemessen.

Mittwoch, 30. Januar

Die Operation ist für heute früh vorgesehen. Ein wenig angespannt bin ich schon, aber nicht aus Angst. Es ist mehr das gespannt sein auf das bevorstehende Ereignis. Nach der bisherigen, überzeugenden Behandlung, habe ich volles Vertrauen auf den Ablauf der Operation. Auch gut schlafen konnte ich, bin aber schon früh wach geworden und aufgestanden, um mich in Ruhe waschen und rasieren zu können.

Und das war auch gut so, sofort nach meiner Toilette geht es los. Ich bekomme mein weißes Hemdchen angezogen und werde im Rollstuhl in den Operationssaal gefahren. Hier bekomme ich als erstes die Narkosespritze und bin dann mal weg.

Als ich dann in der Wachstation wieder die Augen öffne, begrüßt mich lächelnd Dr. L.:
„Die Operation ist gut gelaufen, Sie haben jetzt keinen Krebs mehr".
Ich denke, das ist ja dann gut, aber zunächst ist mir das alles egal. Es dauert einige Zeit bis ich wieder richtig wach bin und über meine neue Situation nachdenken kann. Die Operation habe ich also hinter mir und wenn alles gut gelaufen ist, kann ich ja beruhigt sein.

Ich versuche meinen Körper zu spüren, mein Bauch fühlt sich fest an wie eingefroren, habe aber keinerlei Schmerzen. Auf der rechten Seite ertaste ich zwei dünne Schläuche, die aus meinem Bauch kommen und jeweils in einen Plastikbeutel enden. Auch hier ist alles schmerzlos, nur im Unterleib zieht es, ein Blasenkatheder reizt meine Harnröhre.

Über mir hängen 2 Tropfflaschen, die mich versorgen. Die eine ist mit meiner Hand verbunden, die andere mit meinem Hals. Zu essen und trinken gibt es heute nichts, ich habe aber auch weder Hunger noch Durst.

Am späten Nachmittag erscheint noch einmal Dr. L. und schaut sich die Blutbeutel der Bauchdrainagen an. Die Sorgfalt, mit der er das tut, beunruhigt mich, ich ahne, dass da etwas nicht stimmt. Und richtig:
„Es tut mir Leid, aber wir müssen Sie noch einmal operieren. Das Blut aus der Drainage hat eine grünliche Färbung, offensichtlich ist bei der Operation der Zwölffingerdarm verletzt worden".
Das kommt nun für mich ganz unerwartet, ich habe aber noch nicht die Kraft, mich darüber aufzuregen. Ich nehme es so hin, im Vertrauen, dass er das wieder hin bekommt.

Donnerstag, 31. Januar

Ich bin gestern Abend wohl bald eingeschlafen und erst eben wach geworden. Es kann sein, dass in einem Tropf auch ein Schlafmittel war. Jetzt wir mir erst richtig bewusst, dass bei der Operation doch nicht alles glatt gelaufen ist. Wenn der Zwölffingerdarm verletzt ist und mein Blut grün gefärbt ist, fließt seit gestern die Galle in meinen Bauchraum, kein gutes Gefühl. Immerhin muss ich aber anerkennen, dass der Fehler schnell bemerkt und mir auch offen mitgeteilt wurde.

Viel Zeit zum Nachdenken habe ich aber nicht. Schon sehr früh geht es ab in den Operationsraum, dieses mal nicht im Rollstuhl, sondern Krankenbett.

Als ich nach der Narkose aufwache, bin ich auf der Intensivstation. Wieder begrüßt mich Dr. L. mit einem freundlichen Lächeln:

„Jetzt ist alles in Ordnung. Meine Vermutung war richtig, der Zwölffingerdarm war beschädigt. Die Öffnung haben wir bleibend geschlossen".

Das habe ich auch erwartet, für mich ist das kein Grund zur Freude. Aber ich bin schon zufrieden und möchte schlafen.

Das ist jedoch nicht so einfach, ich habe zwar keine Schmerzen, bin aber wohl doch nervlich angespannt. Mich stört, dass es hier viel zu laut und hektisch ist. Meinem Bettnachbar geht es anscheinend nicht so gut, er drückt fortwährend seine Alarmklingel. Und wenn sofort niemand kommt, schreit er um Hilfe.

Freitag, 1. Februar

Diese Nacht habe ich zwar geschlafen, wenn auch mit vielen Unterbrechungen. Trotzdem fühle ich mich jetzt einigermaßen erholt, leider geht aber hier die Hektik weiter. Solange ich mich nicht bewege spüre ich nichts, bis auf den widerlichen Blasenkatheder. Aber ich soll mich waschen und rasieren und dazu muss ich mich bewegen. Dabei geht mir die Schwester auf die Nerven. Als ich zögere mich zu waschen, fährt mir die Schwester mit einem Waschlappen durchs Gesicht, bis ich das selbst übernehme. Dasselbe passiert beim Rasieren. Bei meinem spärlichen Bartwuchs halte ich das in dieser Situation für nicht erforderlich. Aber die Schwester besteht darauf und versucht mich zu rasieren.

In der gleichen Hektik erfolgt dann hintereinander die Blutdruckmessung, eine Blutabnahme, die Blutzuckermessung und eine Spritze zur Blutverdünnung. Um 8 Uhr kommt die Visite mit Oberarzt und großem Personalaufwand. Meine Pflaster werden gewechselt und mein Bauch gedrückt. Alles ohne Kommentar, ich werde nur gefragt: „Haben Sie Schmerzen"? Als ich das verneine: „Dann ist ja alles in Ordnung" und die Truppe marschiert ab.

Zu essen gibt es heute nichts, nur Tee, den ich mir aussuchen kann. Ich habe aber immer noch keinen Hunger und keinen Durst, die Versorgung über den Tropf scheint das auszugleichen. Ich habe viel Zeit um nachzudenken.

Die Operation wurde mir als routinemäßige Angelegenheit vorgestellt. Und jetzt dieser gravierende Fehler bei der ersten Operation. Das hätte fatale Folgen gehabt, wenn die Beschädigung nicht rechtzeitig erkannt worden wäre. Aber ich mache Dr. L. deswegen keinen Vorwurf. Wenn ich mir vorstelle, was da im engen Bauchraum alles gemacht werden musste, da können solche Fehler auch dem besten Operateur passieren. Im Gegenteil habe ich große Hochachtung für Dr. L., dass er die Situation sofort richtig eingeschätzt und sich ohne wenn und aber zu diesem Fehler bekannt hat. Und das ist heute leider nicht so selbstverständlich.

Samstag, 2. Februar

Der heutige Tag beginnt mit der gleichen Prozedur wie gestern. Aber seltsamerweise verläuft heute alles ruhiger und freundlicher. Möglicherweise bin ich jetzt erholter und nicht mehr so empfindlich. Aber heute ist eine andere Schwester zuständig und die verbreitet eine ganz andere Atmosphäre.

Auch erfreulich, dass ich heute von einigem befreit werde. Meine beiden Blutbeutel werden entfernt und die Schläuche aus meinem Bauch gezogen. Endlich wird auch der lästige Blasenkatheder abmontiert und das ist wirklich ein Montagevorgang. Der Katheder ist mit einem kleinen Gummiball in der Blase verankert. Um ihn heraus zu ziehen, muss vorher mit einem Sauggerät dieser Gummiball eingeschrumpft werden.

Auch von den Tropfflaschen werde ich abgekoppelt und die entsprechenden Dauerkanülen an der Hand und am Hals werden entfernt. Jetzt kann ich aufstehen zur Toilette gehen und meinen Mittagsbrei im Sitzen essen.

Montag, 4. Februar

Nach einem weiteren Tag in der Intensivstation werde ich heute in ein normales Krankenzimmer zurück verlegt.

Meine Narben sind gut verheilt und in meinem Bauch scheint alles in Ordnung zu sein. Ich hatte auch meinen ersten Stuhlgang. Da ich bis auf den Brei weiter nichts gegessen habe, ist auch der erste Stuhlgang entsprechend. Immerhin kann ich jetzt davon ausgehen, dass mein Darm auch durchgängig ist.

In meinem neuen Zweibettzimmer bin ich zunächst wieder allein. Als ich mein erstes, richtiges Mittagessen genieße, kommt Bewegung in mein Zimmer. Das zweite Bett wird heraus gefahren und durch ein Bett mit Patient ersetzt. Bevor ich meinen neuen Nachbarn begrüßen kann, wird er von seiner Familie umlagert. Es sieht so aus, dass auch seine Operation gut verlaufen ist, die Unterhaltung ist jedenfalls sehr munter und aufgeheitert. Da ich hier noch einige Tage verbringen werde, freue ich mich auf einen netten Gesprächspartner.

Nach einiger Zeit bekommt mein Nachbar Besuch vom Oberarzt. Die Familie wird verabschiedet und der Oberarzt setzt sich ans

Bett, offensichtlich für ein längeres Gespräch. Was ich davon mit bekomme, ist die schlechte Nachricht, dass Metastasen festgestellt wurden. Leber und Nieren sind wohl befallen und eine weitere Behandlung mit Chemotherapie und Bestrahlung ist daher erforderlich. Nachdem sich der Oberarzt verabschiedet hat, verkriecht sich mein Nachbar in seinem Bett, ich wage es nicht ihn anzusprechen.

Am Nachmittag ist seine Frau mit den Kindern wieder da. Ihre strahlende Begrüßung verwandelt sich schnell in Weinen und Schluchzen. Mir wird noch einmal klar, welches Glück ich habe, aber im Moment überwiegt meine Betroffenheit, ich möchte am liebsten mitweinen.

Was dann geschieht, macht mich richtig wütend. In diese ergreifende Stimmung platzt eine Schwester ins Zimmer und faucht die weinende Frau an:
„Gehen Sie von dem Bett herunter, das ist aus hygienischen Gründen strikt verboten und gehen Sie auch raus, ich muss hier behandeln".
Rücksichtsloser geht's wohl nicht.

Donnerstag, 7. Februar

Bei der heutigen Visite wird noch einmal das Pflaster gewechselt, der Bauch gedrückt und die Narbe begutachtet. Mit dem Ergebnis:
„Sie werden morgen entlassen".
Na endlich, ich hatte gestern schon mit der Entlassung gerechnet. Die Narben sind verheilt und ich bin ohne Beschwerden, ich laufe hier angekleidet den Tag herum und langweile mich. Das Essen ist zwar gut und auch vielfältig, aber zu hause ernähre ich mich schon anders, sicherlich auch besser.

Mit der Betreuung durch die Schwestern bin ich nicht ganz zufrieden. Nicht fachlich gesehen, es geht um den Umgang mit den Patienten und das bleibt noch am ehesten in Erinnerung. Sicherlich fällt es einer Schwester schwer, bei persönlichen Problemen besonders freundlich zu sein. Aber hektisches und rücksichtsloses Verhalten gegenüber dem Patienten kann ich auch mit Überarbeitung nicht entschuldigen.

Auch eine bessere Information über das, was mehrmals am Tag gespritzt wird, könnte ich mir wünschen. Aber das ist morgen auch vorbei. Ich freue mich, dass ich diesen Abschnitt bald hinter mir habe.

Freitag, 8. Februar

Um 10 Uhr habe ich meine Sachen gepackt, muss aber noch auf meinen Entlassungsschein warten. Erst gegen Mittag erhalte ich meine Entlassungspapiere, abgeheftet in einem Ordner, überreicht von der Stationsschwester. Ich vermisse das abschließende Informationsgespräch mit Hinweisen für meine weitere Ernährung und vor allem zu möglichen Beschwerden beim Stuhlgang. Durch die intensive Behandlung mit Antibiotika kann nicht viel von der Darmflora übrig geblieben sein. Auf meine Fragen werde ich von der Stationsschwester belehrt, dass ich alles im Ordner finden kann und essen könnte ich alles, nur nicht zu viel auf einmal.

Wieder zu Hause blättere ich den Ordner durch. Der ist richtig schön aufgemacht und auf dem Aktendeckel steht aufgedruckt: „Mein Therapieordner". Das Unterverzeichnis „Therapie" ist aber leer. Lediglich im Entlassungsbericht gibt es einige Hinweise zur Nachbehandlung: Nach dem 12. postoperativen Tag kann das Klammermaterial entfernt werden. Zur Fortführung der Antikoagulation soll ich noch weitere zwei Wochen täglich 2 Mal Clexane 80 (Heparin) spritzen, bevor ich wieder auf Falithrom

(Marcumar) umstelle. Das kann ich nicht nachvollziehen. Bei allen meinen bisherigen Operationen wurden mir 1 Mal täglich Clexane 40 verschrieben.

Das einzig Interessante im Ordner sind die beiden Operationsberichte, in denen die Operationsverläufe ausführlich bis ins letzte Detail dokumentiert sind.

1. Operation
Diagnose: Zökumkarzinom
Operation:
Laporoskopisch assistierte Hemikolektomie rechts mit Ileotransversostemie.
Bericht:
Kleine Längsinzision oberhalb des Nabels, Darstellen der Faszie mit Langenbeckhaken und Anklemmen der Faszie mit zwei Kocherklemmen, Eingehen in die Bauchhöhle mit Schere und Langenbeckhaken .. und so weiter über zwei Seiten.

2. Operation
Diagnose: Iatrogene Duodenalwandverletzung
Operation:
Relaparoskopie mit Spülung und Drainage sowie zweireihige Übernähung der Duodenalwand.
Bericht:

Bogenförmiger Hautschnitt unterhalb des Nabels.. und so weiter.

Wenn ich das jetzt lese, was da während meiner Abwesenheit in meinem Bauch alles installiert werden musste, verspüre ich schon ein leichtes Grausen. Etwas herausschneiden mag ja noch gehen, aber diese sensiblen und lebendigen Teile wieder funktionstüchtig zusammen zu flicken, das ist für mich hohe ärztliche Kunst. Was mich dabei beruhigt, ist dass laut Bericht noch während der Operation der Erfolg überprüft wird.

So zum Beispiel bei der zweiten Operation:
„Jetzt erfolgt die Dichtigkeitsprüfung durch Instillation von 500 ml Wasser über den liegenden Magenschlauch seitens der Anästhesie. Sowohl der Magen als auch das Duodenum füllt sich gut auf, ein Austritt von Flüssigkeit aus der doppelreihigen Nahtreihe kann nicht beobachtet werden".

Beachtenswert finde ich, dass die Verletzung des Zwölffingerdarms als ärztlicher Fehler auch schriftlich dokumentiert wird. Das „Iatrogen" in der Diagnose bedeutet laut Duden: Durch ärztliche Einwirkung verursacht. Das ist nicht so selbstverständlich. Zu häufig werden ärztliche Fehler zu Lasten der Patienten vertuscht um Regressansprüche zu verhindern.

Donnerstag, 14. Februar

Ich wurde aus dem Krankenhaus entlassen zur ambulanten Weiterbetreuung. Aber mein Hausarzt Dr. A. ist diese Woche in Urlaub, so muss ich allein zurechtkommen. Lediglich meine Narbenklammern habe ich von seiner Vertretung beseitigen lassen.

Als erstes habe ich gestern das Clexane 80 abgesetzt und auf 1 Mal täglich Clexane 40 gewechselt. Brav nach der ärztlichen Auflage hatte ich das Clexane 80 täglich 2 Mal seit letzten Freitag gespritzt. Mit der Folge, dass ich alle ein bis zwei Stunden, auch nachts Wasser lassen musste und das jeweils in großen Mengen. Obwohl ich mich ausreichend ernährte, nahm ich jeden Tag etwa ein Kilogramm ab. Nach der Umstellung auf Clexane 40 hat das sofort aufgehört.

Leider war auch die Sorge um meine Verdauung begründet. Trotz Abführtropfen schaffe ich nur alle zwei Tage einen Stuhlgang. Und auch das funktioniert nur mit einem Einlauf. Zudem ist der Stuhl hart und bröckelig, ganz offensichtlich fehlen die Darmbakterien. Zum Wiederaufbau der Darmflora nehme ich seit heute das Colibiogen und hoffe auf Besserung.

Freitag, 15. Februar

Der soziale Betreuungsdienst im Krankenhaus hatte mich zu einer REHA Nachsorge angemeldet. Vor zwei Tagen bekam ich dann auch die Einladung von der REHA Klinik in B. Nach einiger Bedenkzeit sage ich aber heute ab. Ich fühle mich wieder gut erholt und kann mir nicht vorstellen, was sich in der Klinik verbessern kann. Mein Krebs ist weg und meine Narben sind verheilt. Das Einzige, was ich jetzt noch beachten muss, ist meine Darmpflege und das kann ich zu Hause besser als in der Klinik. Zudem fand ich bei Google einige kritische Kommentare zu dieser Klinik, unter anderem auch zum Essen.

Die REHA Nachversorgung ist sicherlich eine sinnvolle Einrichtung, aber in vielen Fällen könnte eine ambulante Betreuung und Anleitung ausreichen, oder sogar besser sein. Trotz der sehr hohen Kosten habe ich wenig Vertrauen in die Qualität der medizinischen Betreuung in diesen Kliniken.

Nach meiner Hüftoperation war ich drei Wochen in einer angesehenen REHA Klinik im Harz. Von den vielen guten Übungseinheiten habe ich bis heute einige beibehalten. Die Übungsleiter habe ich in bester Erinnerung, die ärztliche Betreuung war jedoch sehr enttäuschend. Bis auf die Anmeldung habe ich in den drei Wochen keinen Arzt gesehen, mit Ausnahme des Chefarztes.

Der hat mich in meinem Zimmer zwei Mal besucht. Einmal, um sich vorzustellen und ein zweites Mal, um mir eine Einlegesohle zu verschreiben. Ich musste mich entkleiden und aus dem Verlauf meiner Bauchfalten schloss er auf den Längenunterschied meiner Beine. Er fand mein linkes Bein zu kurz und bestimmte, dass ich dort eine Einlage tragen muss. Mein Einwand, dass wenn überhaupt mein rechtes Bein etwas kürzer ist, interessierte ihn nicht. Am nächsten Tag konnte ich mir die Einlage abholen. Produziert und verkauft wurde sie in der eigenen Klinik. Ich hätte ihm gerne gezeigt, wie schön ich damit humpeln kann, aber ich habe ihn danach nicht mehr gesehen.

Dienstag, 19. Februar

Seit gestern ist mein Hausarzt Dr. A. aus seinem Urlaub zurück. Er führt seine Praxis ohne Anmeldung, entsprechend muss man größere Wartezeiten in Kauf nehmen, vor allen an einem Montag. Deshalb besuche ich ihn erst heute, eine weitere Behandlung erwarte ich ohnehin nicht.

Die für ihn bestimmten Unterlagen aus der Klinik überfliegt er kurz und kommentiert:
„Da haben Sie ja noch einmal Glück gehabt, ich nehme an, dass alles in Ordnung ist".
Nachdem ich das bejahe, tastet er meinen Bauch ab und begutachtet meine Narben. Er findet alles gut verheilt und fragt nach meiner Verdauung, nach meinem Stuhlgang. Genau diese Frage habe ich in der Klinik vermisst.

Ich berichte ihm von meinen Sorgen und dass ich dank Colibiogen jetzt keine Probleme mit dem Stuhlgang mehr habe. Dann will er noch wissen, wann ich wieder auf Marcumar umstelle. In diesem Zusammenhang bestätigt er mir, dass Clexane 40 als Ersatz für das Markumar völlig ausreichend ist.

Mittwoch, 20. Februar

Um 10 Uhr habe ich den Nachsorgetermin bei dem Onkologen Dr. K. Auch hier wieder die Frage, ob alles in Ordnung ist und ebenso wird wieder mein Bauch abgedrückt. Das bisher sehr freundliche Gespräch kippt um, als ich Dr. K. mit meinem Spritzenproblem konfrontiere. Vehement bestreitet er, dass das Clexane 80 mein starkes Wasserlassen verursacht haben soll. Vermutlich sei meine Blase durch den Katheder gereizt worden.

Ich halte ihm dagegen, dass eine Blasenreizung zwar einen ständigen Harndrang verursachen kann, aber nur in kleinen Mengen. Er bleibt jedoch bei seiner Meinung, Zu meiner Sicherheit sei das schon richtig angeordnet worden. Ich hätte ja schon einmal eine Thrombose gehabt. Leider will er auch die Beipackliste von Clexane nicht sehen, die ich ihm vorhalte. Da steht eindeutig der Hinweis: Clexane 80 bei Blutgerinnsel, Clexane 40 zur Verhütung von Blutgerinnsel.

Danach gibt es nur noch eine förmliche Verabschiedung. Sehr schade, mein großes Vertrauen hat einen Knacks bekommen.

Im Wartezimmer treffe ich meinen Bettnachbar wieder. In sich zusammen gesunken, den Blick nach unten, will er wohl nicht angesprochen werden. Ich wechsele nur ein paar Worte mit seiner Frau, die ihn begleitet. Sie erzählt mir, dass er wie erwartet mit Chemotherapie behandelt wird und er darunter sehr leidet.

Diese unerwartete Begegnung zeigt mir noch einmal deutlich, wie grausam eine Krebserkrankung sein kann. Ich habe noch gut in Erinnerung, wie mein Nachbar in mein Zimmer kam: Ein kraftstrotzender, strahlender junger Mann mit glücklich lachender Familie. Ich war damals schon fast neidisch auf ihn, und jetzt diese Umkehrung. Mir wird noch einmal richtig bewusst, welches Glück ich habe, und dankbar sein muss, frei von Metastasen zu sein.

Freitag, 22. Februar

Ich fühle mich wieder vollkommen gesund. Auch mein Darm ist wieder voll funktionsfähig, offensichtlich hat das Colibiogen meine Darmflora wieder hergestellt. Mein heutiger Gesundheitsscheck zeigt ähnliche Werte wie vor der Operation: 80 Kg Gewicht, 127 / 74 / 71 Blutdruck und Puls und mit 149 mg/dl nur leicht erhöhte Blutzuckerwerte. Die äußeren Narben sind gut verheilt und die inneren offenbar auch. Zumindest habe ich keine Beschwerden oder Empfindlichkeiten. Lediglich der Bauchumfang in Gürtelhöhe hat sich etwas verringert, da fehlt die obere, rechte Darmschleife.

Mit etwas Abstand gehen mir schon einige Fragen durch den Kopf. War das nun Schicksal, habe ich nur Glück gehabt, dass ich keine Metastasen habe und kann es sein, den Darmkrebs selbst verschuldet zu haben?

In meiner unmittelbaren Verwandtschaft gab es bisher Niemanden der Krebs hatte. Seit Jahren lege ich Wert auf eine gesunde Ernährung und eine ausreichende Bewegung. Meine psychische Verfassung halte ich für ausgewogen mit zunehmender Gelassenheit.

Wenn ich den Krebs selbst verursacht habe, kann ich allerdings nicht ausschließen, dass mein Pfeifenrauchen dazu beigetragen hat. Davon bin ich aber nicht überzeugt, die Lippen und der Magen sind da eher gefährdet. Ich rauche seit über 50 Jahre meine Pfeifen und werde es auch weiterhin tun. Auch wenn auf meinen Tabaksdosen „Rauchen ist tödlich" steht.

Noch eine andere Sache beschäftigt mich. Ich trinke seit gut einem halben Jahr einen Tee aus dem Chaga Heilpilz. Damit konnte ich erreichen, dass ich meine Diabetes II nicht mit Tabletten oder Insulin behandeln muss. Durch den Tee haben sich meine Blutzuckerwerte um circa 100 Einheiten verringert, auch mein Blutdruck verbesserte sich auf Idealwerte. Der Chaga Tee gilt als Heilmittel für die verschiedensten Erkrankungen, insbesondere für chronische Belastungen im Alter. In Russland und China wird er seit alters her auch bei Krebs eingesetzt. Ihm wird nachgesagt, dass er Metastasen verhindern und auch auflösen kann. Meinen Krebs konnte er zwar nicht verhindern, aber verdanke ich ihm, dass ich keine Metastasen habe?

Diese Frage kann ich nicht mit ja oder nein beantworten, es fehlt die Alternative, was passiert wäre ohne den Chaga Tee. Es gibt für mich weder Schicksal noch Zufall und auch keinen Glauben an den religiösen Gott. Ich bin aber davon überzeugt, dass es in unserem Leben bestimmte Zusammenhänge gibt, die wir mit unserem heutigem Wissen nicht erklären können.

Von unserem vegetativen Körpersystem wissen wir, dass es unsere Körperfunktionen steuert und auch in der Lage ist Verletzungen zu heilen. Die Frage ist, ob dies mit einem vorprogrammierten Automat möglich ist, oder durch eine übergeordnete Instanz, ein höheres Ich geregelt wird. Und weiter die Frage, ob auch unser bewusster Lebensablauf davon beeinflusst wird. Immerhin kennen wir den Einfluss auf unsere Gefühle durch Freisetzung von chemischen Substanzen , wie Dopamin und Serotonin.

Bei meiner Krebserkrankung lassen sich folgende Zusammenhänge konstruieren: Das Karzinom bildete sich genau an der Stelle, wo vor 60 Jahren der Blinddarm operiert wurde. Wie sich dann herausstellte, war der Blinddarm nicht entzündet, obwohl ich hier die typischen Schmerzen hatte. Nach der

Operation entstand jedoch eine bedrohliche Bauchhöhlenvereiterung mit sehr starken Schmerzen. Eine intensive Behandlung mit Penicillin bewirkte dann eine Entleerung des Eiters über den Darm.

Möglicherweise bestand hier schon eine Gewebeerkrankung oder sie ist iatrogen durch eine unsaubere Operation entstanden. Es ist sicherlich kein Zufall, dass genau an dieser Stelle sich das Karzinom entwickelt hat. Das würde bedeuten, dass die Entwicklung sehr langsam über Jahrzehnte vor sich ging und zunächst keine Bedrohung der Gesundheit war. Die entstand erst mit der kritischen Verengung des Darms.

Beschwerden und Schmerzen werden selbstverständlich durch eine Erkrankung verursacht. Aber wir müssen sie auch als Warnzeichen des Körpers beachten. In meinem Fall blieb das Karzinom schmerzlos, aber wuchs bedrohlich. Ich wage aber die Hypothese, dass mich mein Körper schon warnte. Zunächst hatte ich eine sehr geringe Menge Blut in meinem Stuhlgang, das nur im Labor festgestellt werden konnte. Obwohl mein Arzt das sehr ernst ansah, lehnte ich weitere Untersuchungen ab. Erst einige Monate später erfolgte die nächste Warnung und dieses Mal sehr massiv mit einer Toilettenschüssel voller Blut. Jetzt blieb mir nichts anderes übrig, möglichst schnell eine Darmspiegelung machen zu lassen.

Wie sich später herausstellte, hatte seltsamerweise die Blutung mit dem Karzinom aber überhaupt nichts zu tun. Es musste aus den Hämorrhoiden gekommen sein. Warum in so großer Menge, konnte mir niemand erklären. Zudem blieb es bei der einmaligen Blutung und auch vorher gab es das nicht.

Wie bereits erwähnt, sind diese Zusammenhänge nicht belegbar und nur meine Hypothese, aber ich halte sie für möglich. Mein Vertrauen in mein Körpersystem ist jedenfalls größer als in das heutige Medizinsystem.